BIOGRAFÍAS DETRÁS DE ESCENA

LO QUE NUNCA SUPISTE SOBRE LIONEL MESSI

de Isaac Kerry

CAPSTONE PRESS
a capstone imprint

Esta es una biografía no autorizada.

Publicado por Spark, una impresión de Capstone
1710 Roe Crest Drive
North Mankato, Minnesota 56003
capstonepub.com

Publicado originalmente como *What You Never Knew About Lionel Messi*, copyright 2023 por Capstone.

Los datos de catalogación previos a la publicación se encuentran disponibles en el sitio web de la Biblioteca del Congreso.
ISBN: 9798875260612 (tapa dura)
ISBN: 9798875260568 (tapa blanda)
ISBN: 9798875260575 (PDF libro electrónico)

Resumen: Lionel Messi es un jugador de fútbol superestrella. Pero, ¿qué sucede cuando no está marcando goles en el campo? Los detalles de gran interés y las fotos audaces de su fascinante vida cautivarán a los lectores reacios y con dificultades, mientras que el texto cuidadosamente nivelado les inspirará confianza.

Créditos editoriales
Editora: Erika L. Shores; Diseñadora: Heidi Thompson; Investigadoras de medios: Jo Miller; Especialista en producción: Tori Abraham

Créditos de imagen
Alamy: Aflo Co. Ltd., 11, ARCHIVIO GBB, 16, PA Images, 21, WENN Rights Ltd, 12; Associated Press/Luca Bruno, 19; Getty Images: Aurelien Meunier, 25, Gabriel Rossi, 22, Shaun Botterill, Cover; Newscom: pressinphoto/Sipa USA, 27; Shutterstock: A.RICARDO, 13, A.Taoualit, 4, 29, Bodor Tivadar, 8, charnsitr, 28, Christian Bertrand, 14, Jesus Cervantes, 18, ph.FAB, 15, Romain Biard, 7, Serg64, 20, Suthin _Saenontad, 26, Ververidis Vasilis, 9, worapan kong, 23

Printed and bound in China. PO 6459

TABLA DE CONTENIDO

Las palabras en **negrita** están en el glosario.

EL MEJOR del MUNDO

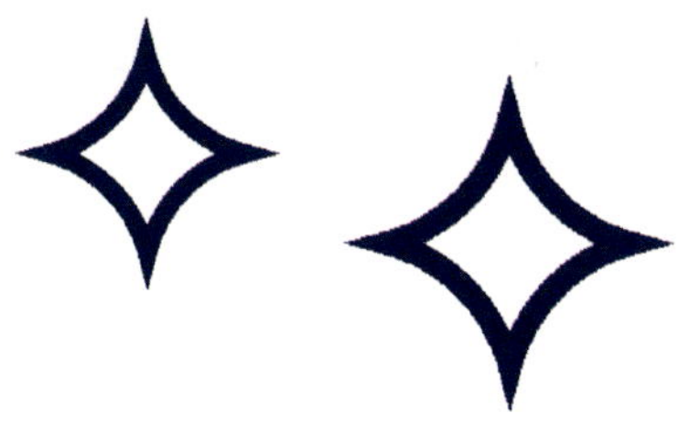

¿Qué se necesita para ser el mejor jugador de fútbol? ¿Un jugador necesita marcar la mayor cantidad de goles? ¿Ser el mejor en pases? ¿Y qué hay de mover el balón para superar a los defensores?

Con Lionel Messi, es fácil responder a esta pregunta. Es el mejor en TODOS los aspectos del juego. Mucha gente dice que es el mejor de todos los tiempos.

HECHO

Lionel también es conocido con el apodo de Leo.

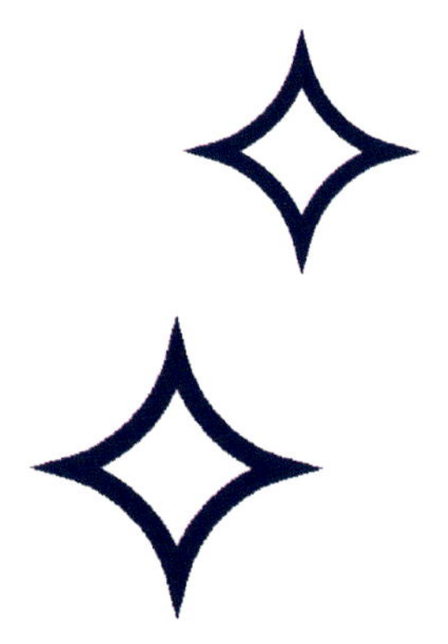

Todo sobre MESSI

¿Crees que sabes qué es lo que mueve a Leo Messi? ¡Toma esta prueba para averiguarlo!

1. **¿Cuál es su color favorito?**
2. **¿Cuál es su tipo de música favorito?**
3. **¿Cuándo es el cumpleaños de Lionel?**
4. **¿Qué edad tenía cuando jugó su primer partido oficial con el FC Barcelona?**

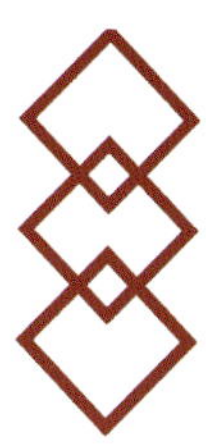

1. Rojo **2.** Cumbia **3.** 24 de junio de 1987 **4.** 17 años

LIONEL MESSI en números

Leo mide 5 pies, 7 pulgadas (1,70 m). Es más bajo que muchos otros futbolistas. ¡Pero eso no lo detiene! Al principio de su carrera, se ganó el apodo de La Pulga. Esto se debe a sus habilidades. ¡Las pulgas son famosas por su rapidez!

Rakuten

Lionel es uno de los deportistas mejor pagados del mundo. Ganó 110 millones de dólares durante la temporada 2021-2022.

No son solo sus habilidades las que valen mucho dinero. En 2013, un joyero de Japón quiso honrar a Leo. Hizo una estatua del pie de Lionel. Estaba hecha de oro macizo. Su precio era de 5,25 millones de dólares.

$110,000,000

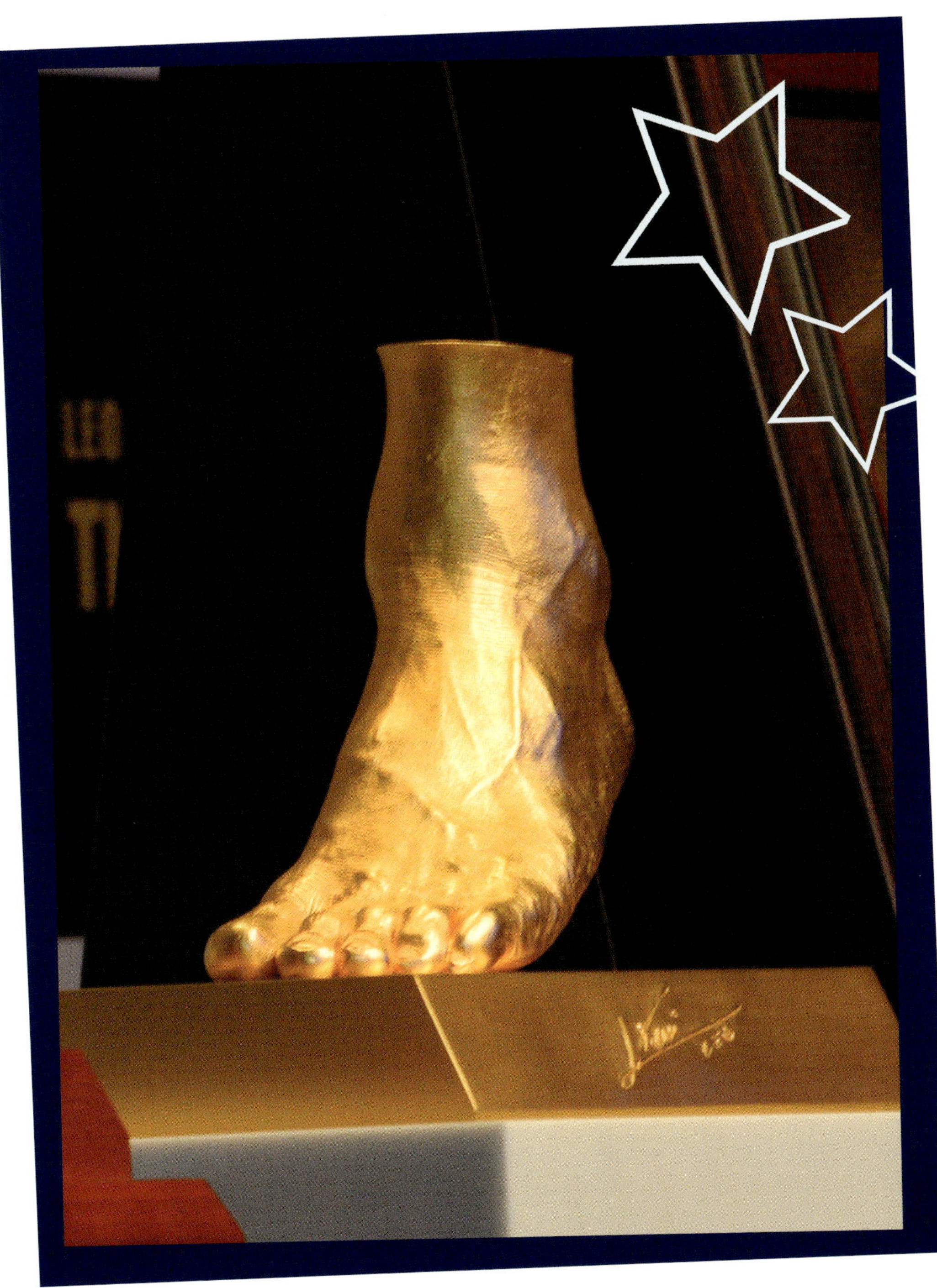

Tantos goles en tan POCO TIEMPO

Leo tiene una enorme lista de récords. Lidera su **liga** de fútbol con los mejores resultados de todos los tiempos. De 2004 a 2021, marcó 474 veces. ¡El siguiente número más alto es solo 311! También es líder en **asistencias** y partidos ganados.

Cada vez que Lionel marca un gol, lo celebra de la misma manera. Levanta ambas manos y señala al cielo. **Dedica** el gol a la memoria de su abuela. Ella lo llevó a su primer partido de fútbol.

MESSI
10

CRECIENDO

A los 11 años, los médicos descubrieron que Leo tenía un problema de crecimiento. Necesitaba medicamentos costosos.

Por suerte, Leo ya estaba demostrando sus habilidades en el campo. Un club de fútbol español se ofreció a pagar su medicina. Pero la familia de Leo tendría que mudarse de Argentina a España. Los padres de Leo tomaron la decisión de mudarse con su familia.

HECHO

Un empleado del equipo quiso contratar a Lionel en cuanto lo vio jugar. Escribió un **contrato** en una servilleta para que Lionel lo firmara.

En los Juegos Olímpicos de 2008, Lionel jugó para su país natal, Argentina. Marcó dos goles durante sus partidos. También dio la asistencia ganadora en el partido por la medalla de oro.

"El oro olímpico de 2008 es el triunfo que más valoro porque es un torneo que se juega solo una vez en la vida..."

—Lionel Messi (*Esquire España*, 2017)

Leo solía comer mucha comida chatarra. Esa dieta no lo ayudaba en el campo. Vomitaba durante los partidos.

En 2014, Leo decidió hacer un cambio. Trabajó con un médico deportivo. Leo necesitaba comer más frutas y verduras. Bebió más agua y dejó de tomar refrescos. Leo comenzó a sentirse mejor. Dejó de vomitar durante los partidos.

POWERADE

Tiempo en **FAMILIA**

Lionel está casado con su novia de la infancia, Antonela Roccuzzo. Ella es la prima de uno de sus mejores amigos. Se conocieron cuando tenían solo 5 años.

La boda de Leo y Antonela fue descrita como la "boda del siglo" en Argentina. Estuvo llena de celebridades famosas y estrellas del fútbol.

Lionel y Antonela tienen tres hijos. Sus nombres son Thiago, Mateo y Ciro. Thiago también ha comenzado a jugar al fútbol. Tal vez sea la próxima superestrella con apellido de Messi.

HECHO

Lionel tiene tatuados los nombres de sus hijos en la pierna derecha.

"Tener tres hijos cambió mi perspectiva de la vida, mi forma de pensar, y también me ayudó a crecer".

—Lionel Messi (*Marca*, 2019)

FRANCE FOOTBALL
L'EQUIPE
socios.com
WMH
PURNELL
PARIONS SPORT

Para Leo, pasar tiempo en familia es importante. Le encanta desayunar con sus hijos y su esposa. También disfrutan muchas vacaciones divertidas. Antonela publica sobre ellos en Internet. Algunos de sus lugares favoritos son las islas de España y el Caribe.

HECHO

Además del fútbol, a Lionel le gusta el tenis y el pádel. El pádel es como una combinación de tenis y squash.

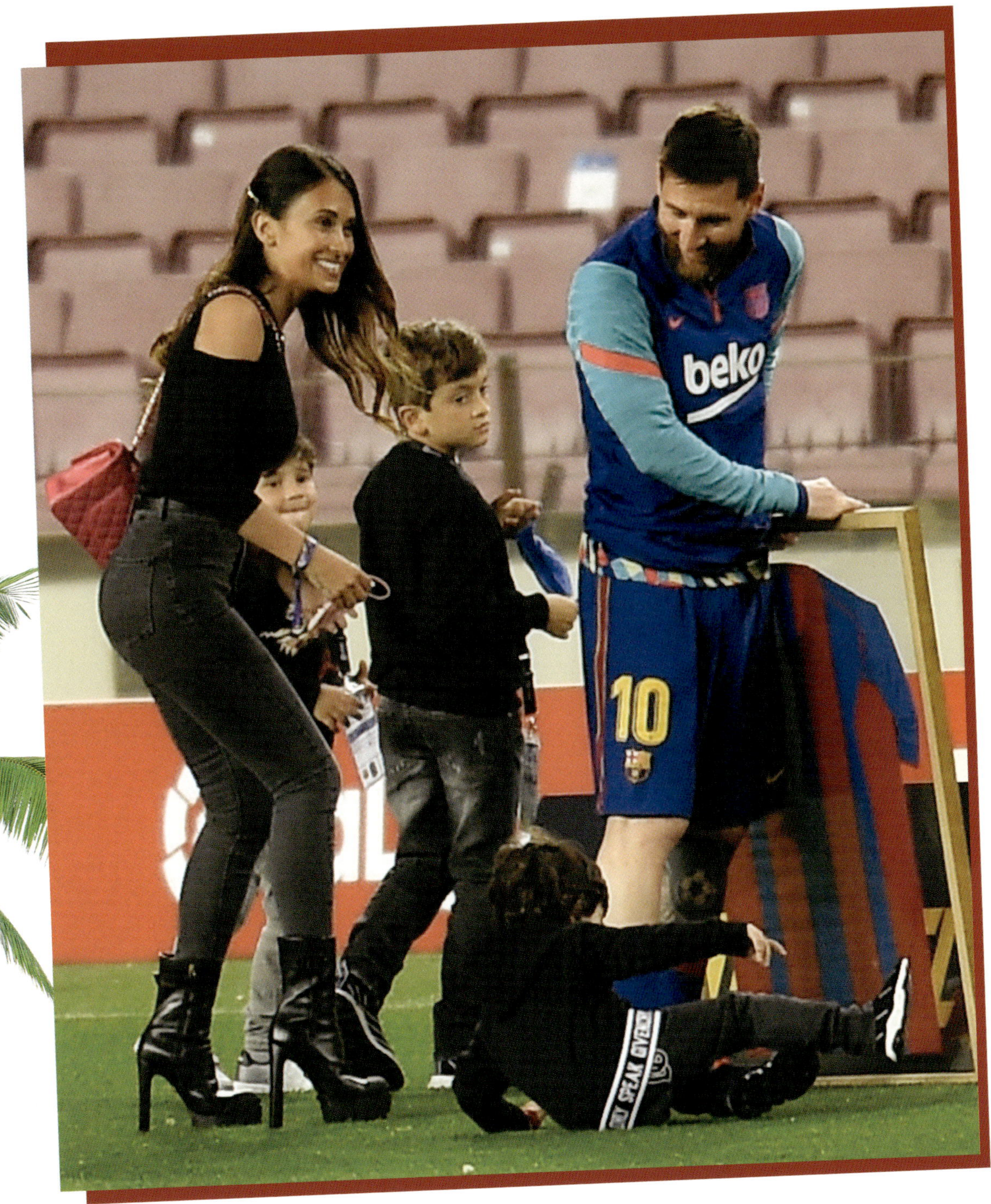
beko
10

Leo y su familia se mudaron a París en el verano de 2021. Firmó un contrato de dos años para jugar en el Paris Saint-Germain.

Leo dice que a su familia le gusta la ciudad, pero no el clima. Es más húmedo y fresco que en España. ¿Quién sabe? ¡Quizás Leo y su familia regresen a España en el futuro!

MESSI
30
ooredoo
LIGUE 1
Uber Eats

Glosario

asistencia (a-sis-TEN-cia)—un pase que lleva a un gol de un compañero de equipo

contrato (con-TRA-to)—un acuerdo para hacer algo

dedicar (de-DI-car)—destacar por una razón especial

liga (LI-ga)—un grupo de equipos que juegan unos contra otros

Acerca de la autora

Isaac Kerry es autor, padre que se queda en casa y bombero. Vive en Minnesota con su esposa, dos hijas y una variedad de criaturas de cuatro patas. A menudo se lo puede encontrar escribiendo, cuidando niños o conduciendo grandes camiones rojos. En su tiempo libre, demasiado limitado, le encanta leer, hacer ejercicio y jugar juegos de mesa.

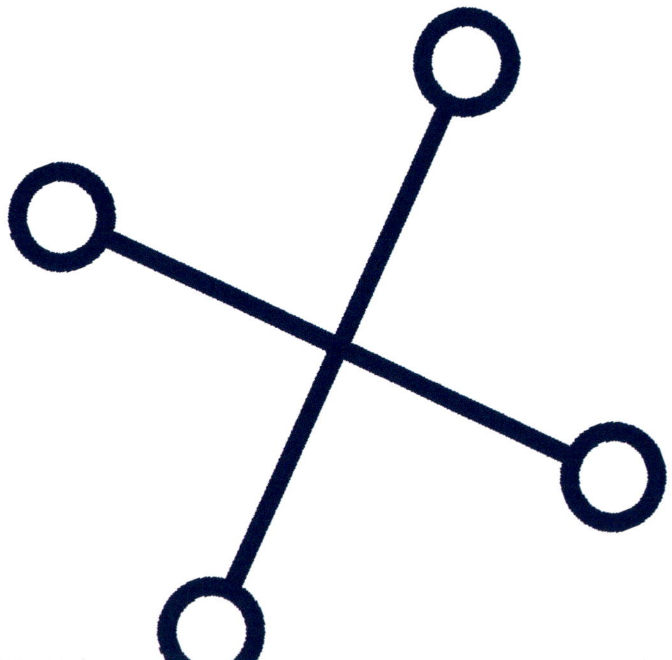

Índice